COLLECTION

DES

CONFÉRENCES OPTIQUES

Par le Prestidigitateur ALBER

N° 1

LA LOIRE

ET SES CHATEAUX

27 VUES

E. MAZO Éditeur

10 — Boulevard Magenta — 10

PARIS

Adresse Télégraphique: "*PROJECTION-PARIS*"

LA LOIRE
ET SES CHATEAUX

Notre voyage de ce jour va nous conduire sur les bords du fleuve le plus renommé de France et va nous faire traverser la Touraine, « ce jardin de la France. » Nous verrons dans notre excursion, au gré de notre fantaisie, quantité de monuments presque tous dus aux artistes français de la *Renaissance*. A ce propos, quelques mots d'explication sont nécessaires : Charles VIII, puis Louis XII, enthousiasmés du nouveau style qui venait de prendre naissance en Italie et qui n'était après tout qu'un *renouveau* des styles antiques, firent venir des artistes italiens parmi lesquels il faut citer le Boccador, auteur probable de l'ancien Hôtel-de-Ville de Paris, recopié presque tel que pour la partie centrale. François Iᵉʳ, aussi, attira en France Léonard de Vinci, mort au Clos Lucé, près d'Amboise, Andrea del Sarte, Benevenuto Cellini et bien d'autres. Ces artistes suivaient les Souverains dans leurs déplacements et, comme les châteaux de prédilection étaient Blois, Amboise ou Chambord, que nous voyons presque au centre de la carte, l'influence de ces artistes se fit sentir surtout en Anjou. Nous disons l'influence, car les artistes français, s'assimilant facilement le nouveau style, lui donnèrent le caractère gracieux et élégant que nous verrons et en firent véritablement un style français par excellence.

On nous pardonnera cette longue digression artistique en face de cette carte qui nous indique dans quel petit espace sont réunis tous les châteaux plus ou moins célèbres, mais tous intéressants, que nous allons visiter. Nous ne nous attarderons pas à suivre notre itinéraire sur la carte. Nous allons le faire pas à pas sur le terrain lui-même, et cela d'une façon tellement rapide qu'elle tient de la magie. Les rêves les plus audacieux de transport d'un lieu à un autre, instantanément et sur un simple désir, sont réalisés par la projection! Nous prenons ensemble par la pensée, le train à la gare d'Orléans, en 1re, 2e ou 3e classe, suivant nos moyens, et là machine ne s'est pas encore mise en route que nous sommes déjà à V. — **Orléans**, sur la place du Martroi, décoré d'une statue équestre de Jeanne-d'Arc. La ville d'Orléans, fidèle au souvenir de l'héroïne, lui a élevé plusieurs statues, celle que nous avons sous les yeux, érigée en 1855; une autre placée au bout du pont, que nous verrons tout à l'heure, et une troisième, œuvre de la princesse Marie d'Orléans, devant l'Hôtel-de-Ville.

Cette statue, par Foyatier, a beaucoup de rapport ou du moins, pour être plus chronologique, celle de Fremiet, à Paris, a beaucoup de ressemblance avec celle que nous voyons en ce moment. Les quatre bas-reliefs en bronze qui ornent le piédestal sont fort remarquables, et il est à regretter que le grossissement, pourtant énorme de la photographie, ne nous permette pas de les admirer comme nous le voudrions.

V. — Nous venons de parler d'une autre statue de **Jeanne-d'Arc**, la voici. C'est bien là, telle qu'on peut se la figurer idéalisée, l'héroïne dont la vue seule faisait fuir les Anglais, le 8 mai 1429, et lever le siège de la ville. Gois, le sculpteur, a fait là une œuvre qui peut être critiquée sur certains points, mais qu'on ne peut s'empêcher d'admirer. Dans le lointain de la vue, nous apercevons la cathédrale qui nous semble devoir solliciter notre visite. Nous nous y transportons.

V. — La **Cathédrale**, bien moins célèbre que beaucoup d'autres, est cependant une œuvre remarquable, et, point à noter, c'est un des rares monuments de ce genre dont le parallélisme soit complet, et les deux côtés de la façade semblables. Ainsi à Reims, à Paris, à Amiens, les deux tours sont toujours un peu différentes; ici elles sont absolument pareilles; l'ensemble y gagne beaucoup, et ce monument est véritablement digne de l'ancienne seconde ville de France. Ici, on nous permettra de placer un souvenir personnel qui, croyons-nous, n'est pas banal, surtout au milieu d'un voyage d'une rapidité fantastique. En 1886, nous avons vu à Orléans, non pas au Musée, mais bien en pleine ville, une chaise à porteur avec sa voyageuse et ses deux porteurs, longer une rue tranquille de la cité, non loin de la cathédrale, et, sans y mettre beaucoup de bonne volonté, nous nous sommes trouvés reportés à quelque cent ou deux cents ans en arrière.

Reprenons notre chemin de fer rapide et économique pour gagner **Blois**. V.

Nous entrons en ville par l'avenue del'Embarcadère. Pénétrant sur la place Saint-Vincent-de-Paul, ornée d'un square, nous avons devant nous l'aile nord du château, bâtie sous François Ier. A droite se voit un petit édicule en encorbellement qui est l'oratoire de Catherine de Médicis. Cette façade, du plus pur style Renaissance, est absolument remarquable. Autrefois, un fossé profond l'isolait, mais il a été comblé et remplacé par une partie du jardin placé au premier plan sur la vue. Toujours à droite nous apercevons le commencement de l'aile dite de Gaston d'Orléans, frère du roi qui, en 1635, fit bâtir cette aile sous la direction de Mansart. Ce dernier, qui était peut-être un bon architecte pour son époque, mais qui ne fit pas preuve de goût dans la circonstance, avait projeté de démolir la façade que nous voyons et celles que nous verrons tout à l'heure, afin de les remplacer par ses constructions à mansardes, fort intéressantes à coup sûr, mais beaucoup moins belles, à notre avis, que les gracieuses conceptions des Maîtres ès-œuvres de François Ier.

Nous ne jugeons pas utile de mettre sous les yeux la façade de Mansart, absolument banale et sans intérêt. Disons que s'il n'a pas réalisé son projet de parfait vandale, c'est que la mort seule l'en a empêché et nous permet de contempler ce ravissant édifice.

Longeons cette façade en traversant le jardin; montons à gauche un petit escalier, et arrivons à la façade Est du **Château V. —** dite de Louis XII.

Cette partie, construite par Colin Biart, maître maçon en la ville de Blois, fut achevée en 1501. C'est un agréable mélange de briques et de pierres, de la fin du style ogival, orné de gargouilles et de supports amusants, avec des sujets parfois un peu risqués, comme on les faisait au moyen âge; mais ce qui est remarquable, c'est la porte d'entrée surmontée d'une niche fleurdelysée d'or, avec la statue dorée de Louis XII. Si cette grande porte n'est pas ouverte, comme c'est le cas aujourd'hui, frappons à la petite porte de droite. Le gardien vient nous ouvrir et nous pénétrons dans la cour du château. Une fois là, nous nous retournons et nous voyons l'autre côté de cette même façade V.

Tout le long règne une galerie à arceaux plats supportés par une série de colonnes rondes et de colonnettes alternées. Sous cette galerie était peinte autrefois une danse macabre qui a disparu. Nous voyons, à la suite de la tour carrée qui termine cette galerie, la naissance d'un grand monument, dont l'extérieur n'a rien de remarquable, c'est la salle dite des Etats, longue de 30 mètres, large de plus de 20, et à peu près aussi haute. Cette immense salle est supportée au centre par huit colonnes qui semblent la couper en deux parties. Si nous continuons à tourner autour de la cour, après avoir vu la salle des Etats, nous arrivons à la façade intérieure de la partie Renaissance que nous avons examinée en arrivant. V. — Ce qui frappe tout d'abord, c'est l'escalier central bien connu des architectes. Son dessin pur et élégant a été souvent, sinon copié, tout au moins imité, et, à l'Hôtel-de-Ville de Paris, les deux escaliers des cours intérieures ont été inspirés par celui-ci. Remarquons en passant chacun des panneaux du mur. Ils portent tous la salamandre de François Ier, et chacun de ces animaux fantastiques est différent comme sculpture, tout en suivant scrupuleusement la loi héraldique. Si nous pouvions pénétrer dans le château, nous pourrions y voir dans les appartements entièrement restaurés, la chambre de l'assassinat du Duc de Guise, l'oratoire de Catherine, que nous avons aperçu extérieurement, sa chambre de travail entièrement recouverte de panneaux de boiseries au nombre de 248, tous différents, et enfin les salles du Musée ; mais nous devons continuer notre excursion, et, comme le Juif-Errant, il ne nous est pas permis de nous arrêter.

De Blois, si nous voyagions comme tout le monde, nous serions obligés de fréter une voiture particulière qui, moyennant une douzaine de francs, nous conduirait à Chambord, .. iel nous arriverions après avoir suivi une large avenue plantée d'arbres séculaires.

V. — Le **Château** que nous voyons au bout de cette avenue est une des merveilles de la Renaissance. Un ambassadeur vénitien écrivait qu'il n'avait jamais rien vu *d'aussi magnifique que ce bel édifice avec ses créneaux dorés, ses ailes couvertes de plomb, ses pavillons, ses terrasses, ses galeries faites ainsi que les poètes décrivent le palais* *de la fée Morgane.* Charles Quint lui-même, qui visita Chambord, disait que ce château était *un abrégé* de l'industrie humaine tout entière. Ce château merveilleux, au dire des contemporains, est l'œuvre de Pierre Nepveu, dit Trinqueau, qu'il est juste de rappeler au milieu de ce concert de louanges, au moment d'admirer son ouvrage.

V. — La Photographie ne nous montre que le **centre du château**, car il mesure 156 mètres de façade et une vue d'ensemble beaucoup trop réduite aurait été peu intéressante. Le château tout entier, d'une architecture élégante, auquel les spécialistes reprochent seulement trop de sculptures et d'ornements dans les parties hautes au détriment du bas, renferme, paraît-il, 440 chambres et 13 escaliers. Ce petit détail, qui nous laisse froid, semble impressionner beaucoup les visiteurs. Au centre du château se trouve l'escalier ainsi que la lanterne qui le couronne. Nous apercevons au centre de la vue cet escalier qui est fort curieux. Sa construction, en forme de double vis tournant, l'une dans un sens, l'autre dans un autre, permet à deux personnes, l'une de monter, l'autre de descendre, sans se voir et sans se rencontrer.

La lanterne de couronnement, elle-même surmontée d'une fleur de lys en pierre de deux mètres de haut, est remarquable par ses sculptures, ses salamandres sculptées, ses contre-forts et ses arcs-boutants à jour. On nous a dit, mais nous ne l'avons pas vu, qu'un pilier central soutient l'escalier, que ce pilier central est percé, du haut en bas, d'une ouverture circulaire de trois centimètres de diamètre, et qu'une fois en haut, le gardien vous invite à jeter dans l'ouverture une pièce de 0 fr. 10 c. qui, paraît-il, va s'empiler sur les pièces jetées précédemment... et reste-là. Je pense qu'il est bien regrettable pour le gardien de ne pouvoir aller de temps en temps faire une visite fructueuse au bas du pilier.

Faisons un crochet sur notre gauche et allons jusqu'à Romorantin, l'ancienne capitale de la Pologne, autrefois ville très fortifiée, qui n'a conservé de son appareil guerrier, que quelques tours du xvie siècle, le reste des fortifications ayant été transformé en promenades arrosées par le Morantin qui coule dans les **anciens fossés. V.** — Nous parlons de la Ville avant de parler du Château, parce qu'un souvenir historique assez important s'y rattache. C'est au siège de Romorantin que les Anglais en 1356, se servirent pour la première fois de l'artillerie. Le Château de Romorantin bâti sous François 1er dans une île de la Sauldre, rappelle vaguement le Château de Blois. Malheureusement la photographie n'a pu être prise de manière à nous faire apprécier cette ressemblance encore moins apparente depuis les restaurations successives et les remaniements nombreux qu'il a dû subir. Malgré tout, il fait encore bonne figure et nous n'aurions pas voulu négliger de le montrer tout au moins pour le paysage qui l'entoure.

V. — **Romorantin** renferme plusieurs maisons antérieures au Château. Celle que la photographie représente, de construction gothique et peu intéressante, est appelée improprement maison de François 1er, parce que c'est devant elle que le roi fut blessé.

Pour être plus exact, c'est la maison de Carroir Doré dont l'histoire a conservé le nom à cause de ce souvenir. Avant de quitter le département de Loir-et-Cher et après Romorantin, nous devons un coup d'œil au **Château de Cheverny.** V. — Plus récent que tous les autres, il a été bâti en 1634. Son style est donc du Louis XIV d'une ordonnance sévère ; plus majestueux qu'un bâtiment renaissance, il est par suite moins gracieux. Nous ne nous y arrêterons pas plus longtemps et nous allons entrer dans le département d'Indre-et-Loire, en pleine Touraine.

Nous nous arrêterons d'abord à **Amboise.** V. — Voici un des nombreux paysages remarquables que présente la Loire. Au premier plan, le fleuve tranquille et majestueux, les quais, puis derrière le côteau surmonté du château historique. Ce qui frappe tout d'abord dans ce monument, ce sont les deux énormes tours qui l'encadrent. Ces deux tours, appelées la tour Heurtaut et la tour des Minimes, dont l'une, la tour des Minimes, vient d'être restaurée entièrement, présentent cette particularité remarquable, qu'elles n'ont pas d'escalier. Elles font arriver du quai jusqu'au haut du côteau au moyen d'une rampe tournante assez douce pour permettre aux cavaliers et aux voitures même de monter. Lorsque Charles Quint vint à Amboise, il gravit cette rampe avec son escorte, le soir, à la lueur des torches. Le balcon de fer qui s'étend tout le long du Château, est celui où furent pendus les principaux chefs de la célèbre conjuration d'Amboise. Nous allons pénétrer dans les jardins, mais auparavant signalons un souvenir historique. On voit encore dans le Château la poterne assez basse à laquelle Charles viii, qui était de haute taille, se blessa gravement à la tête en conduisant la Reine à une partie de Paume dans les fossés. C'est dans le Château d'Amboise que furent internés Abd-el-Kader et ses compagnons. Quelques-uns d'entre eux, décédés à Amboise, furent inhumés dans les jardins du Château que l'on aperçoit en haut du côteau.

Mais la merveille de ces jardins, c'est une petite chapelle dont je vais vous montrer le dessus de porte V. Cette chapelle, véritable bijou d'architecture, magnifique dentelle de pierre, peut-être aussi à cause de sa petitesse, produit sur le visiteur une impression surprenante.

> Ce ne sont que festons, dentelles et couronnes
> Trèfles et pendentifs et groupes de colonnes
> Où rit la fantaisie en toute liberté.

Ce bas relief, qui nous laisse apercevoir le bois des portes et leurs sculptures ogivales, ainsi que le fouillé véritablement étonnant de la pierre, nous montre au milieu Saint-Christophe avec le Christ sur ses épaules ; d'un côté, Saint-Hubert avec la Biche miraculeuse entourée des chiens de chasse tout à coup devenus rampants ; de l'autre côté, Saint-Antoine. Dans les airs, dans les arbres, sur le sol, dans l'eau, sont sculptés quantité de petits animaux très amusants comme facture. Citons le compagnon inséparable de Saint-Antoine, qui ne laisse voir que son extrémité hors de la grotte architecturale dans laquelle est réfugié ce saint.

Nous allons un instant quitter les Châteaux et voir une vue d'ensemble d'une des grandes villes du fleuve que nous visitons.

Nous arrivons à **Tours**. V. — Vue générale de la ville. Nous sommes ici du côté opposé de la Loire, dans la partie de Saint-Cyr au faubourg appelé la Tranchée. Nous dominons la ville qui sur l'autre rive de la Loire s'étend à nos pieds. Si nous nous rendions en ville, en traversant le grand pont, long de 434 mètres, divisés en 15 arches, nous pourrions admirer de près la cathédrale qui fut trois siècles en construction et qui à cause de cela, a donné lieu au proverbe tourangeau : « Long comme l'œuvre de Saint Maurice. » Pour expliquer ce proverbe, il est nécessaire de dire ici que l'Eglise nommée aujourd'hui Saint Gatien, était autrefois consacrée à Saint-Maurice.

D'ici, nous en apercevons les deux tours de 68 mètres, terminées à l'époque de la Renaissance. Nous voyons la tour Saint-Martin, les tours de l'Horloge, Charlemagne, enfin toutes les tours qui sont tout autour de Tours.

De Tours, sans nous éloigner beaucoup, nous allons admirer l'un des plus beaux Châteaux que nous ayons vu, sinon comme architecture, tout au moins comme situation, — V c'est le **Château d'Azay-le-Rideau**, moins connu que beaucoup des précédents et moins visité, car c'est une propriété particulière. Entièrement bâti sur une île dans l'Indre, entouré d'eau de tous côtés, le monument se réfléchit en entier dans le miroir des eaux. Ce que la photographie en noir ne nous donne pas, c'est l'aspect des parterres fleuris qui l'entourent et qui font de ce paysage, composé il est vrai, mais réussi, le rival heureux des plus admirables conceptions des décorateurs célèbres de nos principaux théâtres.

D'Azay-le-Rideau, avec notre moyen rapide de voyager, nous arrivons en un clin d'œil à Chenonceaux.

V. — **Chenonceaux**, qu'un auteur célèbre trop enthousiaste a nommé la huitième merveille du monde et qu'un autre d'imagination trop fertile a qualifié de Venise de France est un magnifique Château bâti sur un pont qui traverse le Cher. Il se compose du corps principal que l'on voit à droite et d'une longue galerie de 60 mètres. Le Château de Chenonceaux, bâti à la fin du XVe siècle par Thomas Bohier, dont les initiales se voient sur les cheminées, a subi bien des vicissitudes et sans entrer dans des détails trop récents, disons qu'il a appartenu successivement à François Ier, à Diane de Poitiers qui fit construire le pont. à Catherine de Médicis, qui couronna ce pont de la grande galerie, à Louise de Vaudemont, au duc de Vendôme, etc.

La grande galerie qui avons-nous dit mesure 60 mètres de long vient d'être complètement restaurée à l'intérieur et décorée de peintures. En avant du Château, on aperçoit une tour isolée. V. — La voici seule. C'est le donjon, isolé du château. Un point à remarquer, c'est le dessus de la porte d'entrée aves ses fines sculptures. On accède à cette porte par une rampe douce. Le donjon est maintenant occupé par le gardien. Je crois que peu de concierges sont aussi pittoresquement logés. Cette même vue nous permet d'apercevoir un coin de la façade du Château. V. — Après avoir vu l'ensemble et le donjon, voici une vue plus grande qui détaille davantage le Château proprement dit. Je n'ajouterai rien à ce qui vient d'être dit, vous laissant à loisir juger et admirer l'élégance de la construction. Nous ne pénétrerons pas plus dans ce Château que dans les autres, malgré les magnificences qui y sont rassemblées. Signalons seulement, avant de nous rendre à Chinon, les piles creuses du pont qui contiennent les cuisines, la salle à manger du personnel et les bains. Lorsque le Cher monte un peu, ces locaux se trouvent entourés par les eaux qui n'y pénètrent pas.

V. — **Chinon**, petite ville grand renom, a dit Rabelais, qui y est né. La vue que nous avons sous les yeux nous présente le pont dont la structure indique assez la construction ancienne, même à l'œil peu habitué aux questions d'architecture, et le Château d'une grande étendue. La ville présente quelques souvenirs curieux. Rappelons seulement que le Château dont nous voyons les ruines et qui fut reconstruit plusieurs fois est celui dans lequel le cardinal La Ballue, par ordre de Louis XI, fut enfermé pendant 11 ans, dans une cage de fer. C'est dans ce même Château que Jeanne d'Arc reconnut le roi qu'elle n'avait jamais vu, au milieu des gentilhommes qui l'entouraient et dont il avait pris le costume. C'est aussi à Chinon, dans le donjon dont on voit les vestiges que fut enfermé Jacques de Molay, le dernier Grand Maître des Templiers.

V. — Le **Château de Langeais** est bien différent de tous ceux que nous avons vu jusqu'ici. Il fut construit au XVe siècle. On l'attribue à Pierre de Labrosse. Ce Château tomba sous Charles VII au pouvoir des Anglais, qui ne consentirent à l'évacuer que contre une rançon de 2,500 écus d'or. Ce Château féodal sans avoir l'importance de celui de Pierrefonds, a été comme ce dernier complètement restauré et donne bien l'idée d'une construction militaire au moyen âge. La situation du monument et son élévation font que l'on a du haut des tours une vue splendide.

Giseux est un village peu éloigné de Chinon puisqu'il n'en est guère qu'à trente kilomètres. A Giseux se trouve un Château bâti au XIII siècle, mais si nous nous y transportons maintenant, ce n'est pas pour son Château, assez peu remarquable, mais bien pour les **Monuments V.** — de Martin du Bellay, de la comtesse du Bellay, de Claude de Villequier qu'il renferme. Celui que nous avons sous les yeux est celui de la comtesse du Bellay. Il date du xvi⁰ siècle, la statue est donc de pur style renaissance. En effet cette statue égale ce que nous ont laissé de meilleur les artistes de cette époque. Le naturel de la pose, le grand caractère du costume, l'expression de la figure, tout, même l'éclairage, concourt à faire de cette œuvre une pièce hors ligne. Sur le prie-Dieu placé en avant, se voient les armes que nous recommandons aux amateurs d'art héraldique. Le blason est entouré de la cordelière des veuves. Ce tombeau sort un peu comme composition des monuments funéraires que l'ont voit d'ordinaire et comme l'a écrit Th. Gautier :

> Aussi bien qu'un tombeau, c'est un lit de parade
> C'est un trône, un autel, un buffet, une estrade
> C'est tout ce que l'on veut, selon ce qu'on y voit.

Le département d'Indre-et-Loire, si riche en demeures seigneuriales et même princières nous réserve encore les Châteaux de Villandry et d'Ussé sur lesquels nous allons jeter un coup d'œil.

V. — **Le Château d'Ussé** que nous avons sous les yeux est d'une physionomie grandiose. Tout en conservant son caractère de Château fortifié avec ses tours, crenelées à machicoulis, il présente une légèreté rare, due à ses nombreuses ouvertures, à ses colonnettes, à ses poivrières superposées. C'est un Palais et un Château-fort adossé au coteau, il est dans une situation superbe. L'histoire du Château, la nomenclature des différents possesseurs nous entraînerait trop loin. Disons seulement qu'il a été construit primitivement par Gelduin, dit le Diable de Saumur, qu'il a passé dans diverses mains, entre autres dans celles de la fille du Maréchal Vauban.

Nous passons maintenant au Château de Villandry.

V. — Ce magnifique **Monument** avec ses terrasses merveilleuses est situé au confluent de la Loire et du Cher. Primitivement ce fut un Château féodal, qui eut sa place dans l'histoire de la région. C'était alors le Château de Colombiers. Mais à l'époque de la Renaissance il fut reconstruit par François Iᵉʳ, à peu près

comme nous le voyons aujourd'hui en forme d'habitation prin-
cière. Ce qui est surtout à remarquer dans ce splendide
monument, ce sont les terrasses qui enserrent le Château et
desquelles on a une vue superbe.

Nous quittons le département d'Indre-et-Loire pour entrer
en Maine-et-Loire.

V. — Voici le **Château de Montsoreau** rendu célèbre par le
roman d'Alexandre Dumas. Mais il a d'autres titres à la
célébrité. Sa construction élégante appelle l'attention sur lui, en
outre un de ses possesseurs s'est fait remarquer par ses actes
sanguinaires. C'est Jean de Chambes, qui était alors gouverneur
de Saumur, il fut chargé de l'exécution à Saumur, de la Saint-
Barthélemy et s'acquitta de la tache qui lui était confiée, avec
une ardeur et un zèle dignes d'un but plus louable. Le Château
de Montsoreau est bâti dans une situation qui lui permet de
commander le passage de la Loire. Aussi les seigneurs de ce
Château étaient la terreur des mariniers dont ils exigeaient un
droit de péage exorbitant. Ce droit ne fut aboli qu'au
xviie siècle, vers 1631. Cette vue est prise sur la cour, l'escalier
de la tour, sans avoir une rampe aussi douce comme pente que
celle d'Amboise est formé de marches très larges et peu élevées.
Aussi avons-nous vu lors de notre passage, la lessive faite en bas
du Château, placée sur les dos des ânes qui la montaient par
cet escalier jusqu'au sommet du Château, où elle était mise à
sécher dans les greniers.

V. — Après avoir vu tous les Châteaux précédents, d'une
rare élégance de construction, nous admirerons avec plaisir en
Maine-et-Laire le **Château de Montrabert**, d'une construction
plus massive, il est vrai, mais aussi élégante dans son style. On
croit voir le manoir féodal par excellence avec ses tours massives
et élancées, ses fossés profonds et ses murs épais. Sans avoir
l'importance du Château ruiné de Coucy ou du Château restauré
de Pierrefonds, le Château de Montrabert fait bonne figure et
nous devions le présenter dans la suite des Châteaux remarquables
de la Loire.

Ici se termine notre excursion ; bien d'autres Châteaux
auraient pu fixer notre attention quelques instants, mais nous

croyons qu'il ne faut pas abuser surtout des plus belles choses et par le même moyen que précédemment, nous revenons à notre point de départ en fermant simplement notre lanterne et vous souhaitant que vous conserviez de ce voyage rapide un bon souvenir.

Le Prestidigitateur ALBER.

Imp. E. TROUVÉ. Chauny

E. MAZO

— 10 — Boulevard Magenta — 10 —

PARIS

Constructeur d'Appareils de Projection et Éditeur de Vues sur Verre

---

Appareil de Vulgarisation : "LE RADIANT."

C'est dans un but de vulgarisation que nous avons établi cet appareil qui se recommande par son prix réduit et les bons résultats qu'il donne.

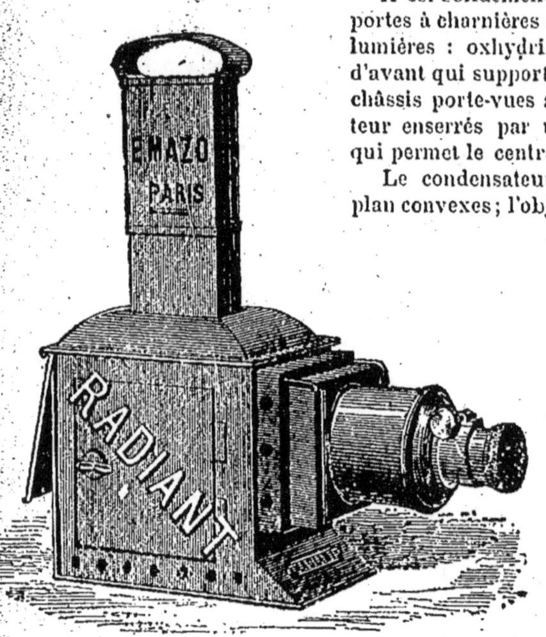

Il est solidement construit en fer verni noir avec portes à charnières au côté pour l'emploi des diverses lumières : oxhydrique, oxycalcique, etc. La partie d'avant qui supporte l'objectif est à coulisse et les châssis porte-vues s'introduisent devant le condensateur enserrés par une plaque métallique à ressort qui permet le centrage.

Le condensateur est composé de deux lentilles plan convexes; l'objectif achromatique est de combinaison double à portrait dont la monture en cuivre verni est munie d'une crémaillère pour la mise au point.

L'appareil comprend une lampe à trois mèches coulissant dans le corps avec réflecteur nickelé légèrement ouvert à son centre pour le réglage des mèches. Afin de faciliter l'emballage, la cheminée est en deux parties coulissant l'une sur l'autre et qu'on aura bien soin d'allonger dans toute sa longueur au moment du fonctionnement.

Le disque projeté est d'environ 2 mètres. — Prix **40** fr.

LE MÊME, avec lampe à 4 mèches parallèles donnant un disque de 2 m. — Prix : **45** fr.

NOTA. — *La dimension des disques que nous venons d'indiquer et le bon fonctionnement du " RADIANT " sont absolument garantis. Il conviendra et donnera entière satisfaction dans tous les cas ne nécessitant pas des projections par trop grandes.*

NE PAS CONFONDRE et exiger la petite plaque estampée " Radiant " sur chaque appareil.

Grands Catalogues de Projection, près de 300 Pages de texte

Franco contre 1 Fr. 60

CONFÉRENCES TOUTES PRÉPARÉES
POUR LA PROJECTION

N° 12. — **JEANNE D'ARC**, pour paraître en novembre 1895, grande conférence historique et religieuse très complète et bien documentée, avec préface sur la guerre de cent ans et quantité de vues inédites en projection.

N° 13. — **LA RUSSIE & LES RUSSES**, leur histoire, leurs arts, 30 vues prises sur nature en noir avec livret et en boîte, 40 fr., en couleur, **85 fr.**

N° 14. — **LA GRAPHOLOGIE**, étude très curieuse du caractère par l'écriture, avec 41 clichés photographiques, d'autographes de personnalités connues, avec livret et en boîte, **45 fr.**

N° 15. — **LES CROISADES**, étude historique avec 30 tableaux photographiques, en boîte, avec livret 40 fr., en couleur, **95 fr.**

N° 16. — **LA VIE DE JÉSUS**, d'après les 24 tableaux d'Habert, avec livret contenant la citation des versets de l'Evangile qui s'y rattachent, prix en noir et en boîte, **32 fr. 50**, en couleur, **98 fr.**

N° 17. — **PÉLERINAGE A BÉTHLÉEM**, en 38 tableaux avec livret et en boîte, en noir, **50 fr.** en couleur, **114 fr.**

N° 18. — **PÉLERINAGE A NAZARETH**, en 38 tableaux avec livret et en boîte, en noir, **50 fr.** en couleur, **114 fr.**

N° 19. — **PÉLERINAGE A JÉRUSALEM**, en 40 tableaux avec livret et en boîte, en noir, **52 fr. 50**, en couleur, **120 fr.**

La Vie de Jésus en 800 Tableaux

N° 20. — **LA VIE CACHÉE**	N° 22. — **LA VIE SOUFFRANTE.**
N° 21. — **LA VIE PUBLIQUE.**	N° 23. — **LA VIE GLORIEUSE.**

N° 24. — **HISTOIRE DE LA CONQUÊTE DE LA NOUVELLE CALÉDONIE**, en 32 tableaux historiques et géographiques, avec livret et en boîte, **42 fr. 50.**

N° 25. — **L'ALGÉRIE**, histoires et conquête, en 30 tableaux, avec livret explicatif et en boîte, en noir 40 fr., en couleur, **85 fr.**

N° 26. — **L'EVANGILE**, faisant suite à la Vie de Jésus, d'Habert, en 24 tableaux, sans livret explicatif, en noir et en boîte, **32 fr. 50**, en peinture extra fine, **96 fr.**

N° 27. — **CATÉCHISME**, Première Partie, **Le Symbole.**

N° 28. —   »   Deuxième Partie, **Les Commandements.**

N° 29. —   »   Troisième Partie, **Les Sacrements.**

N° 30. — **LA LOIRE ET SES CHATEAUX**, en 27 tableaux avec livret et en boîte, en noir, **42 fr. 50**, en couleur, **85 fr.**

11 455. CHAUNY. IMP. E. TROUVÉ